Tadpole Books are published by Jump!, 5357 Penn Avenue South, Minneapolis, MN 55419, www.jumplibrary.com

Editor: Jenna Trnka **Designer:** Anna Peterson **Translator:** Annette Granat

Photo Credits: Stockbyte/Getty, cover; UroshPetrovic/iStock, 1; Milan Zygmunt/Shutterstock, 2–3, 16br; Richard Seeley/Shutterstock, 4–5; Geoffrey Kuchera/Shutterstock, 6–7, 16bm; cynoclub/Shutterstock, 8–9, 16tr; Mikael Males/Dreamstime, 10–11, 16bl; Chase Dekker/Shutterstock, 12–13, 16tm; James Hager/Getty, 14–15, 16tl.

Library of Congress Cataloging-in-Publication Data
Title: Los zorreznos / por Genevieve Nilsen.
Other titles: Fox kits. Spanish
Description: (Tadpole edition). | Minneapolis, MN : Jump!, Inc., (2018) | Series: Los bebâes del bosque | Includes index.
Identifiers: LCCN 2018011204 (print) | LCCN 2018011870 (ebook) | ISBN 9781641280952 (ebook) | ISBN 9781641280945 (hardcover : alk. paper)
Subjects: LCSH: Foxes—Infancy—Juvenile literature.
Classification: LCC QL737.C22 (ebook) | LCC QL737.C22 N5518 2018 (print) | DDC 599.775—dc23
LC record available at https://lccn.loc.gov/2018011204

LOS BEBÉS DEL BOSQUE

LOS ZORREZNOS

por Genevieve Nilsen

TABLA DE CONTENIDO

tadpole books

LOS ZORREZNOS

¿Qué son estos bebés del bosque?

¡Zorreznos!

mamá

Se quedan con mamá.

Se quedan cerca de la madriguera.

Duermen.

Juegan.

Corren.

Aprenden.

REPASO DE PALABRAS

aprenden

corren

duermen

juegan

madriguera

zorreznos

ÍNDICE